NUIT ET BROUILLARD

Libres
Collection dirigée par Erik Orsenna

DANS LA MÊME COLLECTION

Les Raisins de la galère, Tahar Ben Jelloun
Mes débuts dans l'espionnage, Christophe Donner
Mes débuts dans les courses, Christophe Donner
Comme des héros, Lionel Duroy
Histoire du monde en neuf guitares, Erik Orsenna
(accompagné par Thierry Arnoult)
Le Premier Homme sur la lune, Christian de Montella
Nos jeunes, Alexandre Soljénitsyne
Le Sphynx de Darwin, François Sureau

JEAN CAYROL
de l'Académie Goncourt

NUIT ET BROUILLARD

suivi de
De la mort à la vie

Avant-propos de
Michel Pateau

Libres
Fayard

© Librairie Arthème Fayard, 1997.

Le film Nuit et Brouillard *est devenu l'un des grands classiques sur les camps de la mort, qui constituent eux-mêmes l'événement le plus important du XXe siècle. Plus qu'un simple documentaire, le film réalisé par Alain Resnais est un coup de poing dans nos consciences que le texte de Jean Cayrol a contribué, parmi les premiers, à réveiller. « La guerre s'est assoupie, dit-il, un œil toujours ouvert... Qui de nous veille de cet étrange observatoire pour nous avertir de la venue de nouveaux bourreaux ? Ont-ils vraiment un autre visage que le nôtre ? » C'est le* *visage quotidien, et même routinier de l'enfer que l'écrivain, ancien déporté, a révélé. Ses mots demeurent aujourd'hui aussi forts qu'hier. Plus de quarante ans après sa réalisation, le cri de* Nuit et Brouillard *continue de résonner.*

Poète majeur de notre siècle, Jean Cayrol dut subir, comme des millions d'autres, la plus effroyable expérience de l'exil, celle de la déportation. Nous avions sans doute besoin de son analyse scrupuleuse et de sa vue perçante pour regarder en face l'insoutenable, pour entendre dire l'indicible. On n'entendra toutefois nulle complaisance douteuse pour l'horreur, et surtout nul message « moralisateur » de la part de l'ancien déporté, mais, simplement, un texte fin et précis comme un laser, à la fois discret et terriblement efficace.

« Le souvenir ne demeure, déclare l'écrivain, que lorsque le présent l'éclaire. Si les crématoires ne sont plus que des squelettes dérisoires, si le

silence tombe comme un suaire sur les terrains mangés d'herbe des anciens camps, n'oublions pas que notre pays n'est pas exempt du scandale raciste. C'est alors que Nuit et Brouillard *devient non seulement un exemple sur lequel méditer, mais un appel, un "dispositif" d'alerte contre toutes les nuits et tous les brouillards qui tombent sur une terre qui naquit pourtant dans le soleil et pour la paix. »*

Un « dispositif d'alerte » : telle est la grande force du film Nuit et Brouillard *dont le texte est présenté ici. Alain Resnais et Jean Cayrol furent parmi les premiers à lutter contre l'amnésie qui menaçait de s'étendre sur les camps de la mort. Il était bon de rappeler leur combat au moment où surgissent les menaces des « négativistes », terme qui convient mieux que celui, nettement plus ambigu, de « révisionnistes ».*

Diffusé dans d'innombrables collèges et lycées après sa sortie en 1956, Nuit et Brouillard *est tenu encore aujourd'hui pour un document incontournable sur la connaissance du milieu concentrationnaire et de la dynamique sournoise qui y mène. Rescapé du camp de Mauthausen sous le régime* Nacht und Nebel[1] *– qui a donné le titre au film et à son commentaire –, Jean Cayrol était le mieux placé pour en révéler les rouages et l'implacable logique. Mais si le film est désormais unanimement reconnu comme une référence exemplaire, c'est qu'il a dû lui aussi se frayer son chemin dans les consciences. Sa sortie, en 1956, n'a pas été saluée partout, loin s'en faut, comme il le méritait. On ne compte plus les controverses et polémiques qu'il suscita alors.* « *Ce n'est pas un documentaire, disait François Truffaut à pro-*

---

1. *C'est par une ordonnance du 7 décembre 1941 qu'a été créé le système NN,* Nacht und Nebel *(Nuit et Brouillard). Ainsi avait-on nommé certains résistants transférés sans jugement en Allemagne et destinés à disparaître* « *sans laisser de traces* ».

pos du film, c'est une méditation sur le phénomène le plus important du XXe siècle. » On fit beaucoup, alors, pour perturber cette méditation.

Nuit et Brouillard *avait pourtant été commandé de manière très officielle par le Comité d'histoire de la Seconde Guerre mondiale à l'occasion du dixième anniversaire de la libération des camps de concentration. Mais il obtint son visa d'exploitation au prix d'une censure opérée sur un document photographique de 1941 où l'on voyait le képi d'un gendarme français dans le camp de Pithiviers où étaient rassemblés les déportés ! Il n'était pas question de donner l'image d'une France collaborationniste. Le réalisateur et son équipe allaient ainsi se heurter à une forme de « pensée unique » qui prévalait dans la France des années cinquante, sur la nécessité de masquer au public la participation de la police française aux actes de barbarie. Par surcroît,* Nuit et Brouillard *dut s'imposer au front des ambassades soucieuses de maintenir le cap de l'amitié franco-allemande. Si bien qu'à l'annonce du choix de* Nuit et Brouillard *pour représenter la France au Festival de Cannes, l'ambassade d'Allemagne de l'Ouest fit une démarche auprès du gouvernement de Guy Mollet afin de faire retirer le film de la sélection officielle. Pour ne pas vexer l'Allemagne, on s'exécuta. Il y eut donc une « affaire » autour du film de Resnais. Des protestations fusèrent, y compris en Allemagne où les opposants SPD à Adenauer s'exprimèrent en faveur du film, soutenu par une campagne de presse de part et d'autre du Rhin. Jean Cayrol prit une part active à la défense du film. Le 11 avril 1956, il lançait un appel dans les colonnes du journal* Le Monde, *déclarant notamment :*

« La France refuse ainsi d'être la France de la vérité, car la plus grande tuerie de tous les temps, elle ne l'accepte que dans la clandestinité de la mémoire (...). Elle arrache brusquement

de l'histoire les pages qui ne lui plaisent plus, elle retire la parole aux témoins, elle se fait complice de l'horreur (...). Mes amis allemands (...), c'est la France elle-même qui fait tomber sa nuit et son brouillard sur nos relations amicales et chaleureuses. »

D'anciens déportés menacèrent de manifester à Cannes, vêtus de leurs tenues rayées. La Suisse, au nom de sa « neutralité », ira même jusqu'à interdire le film. Les déboires d'Alain Resnais avaient commencé, il est vrai, lors de la quête des documents que les services compétents des Alliés n'avaient prêtés que de mauvaise grâce. Cela n'empêcha pas Nuit et Brouillard, *qui obtint le prix Jean Vigo 1956, de tracer sa route, notamment dans les milieux scolaires et sur les écrans du monde entier.*

Pendant 32 minutes, les archives en noir et blanc alternent avec les images en couleur des restes du camp d'Auschwitz. S'élève alors la voix prenante et grave de Michel Bouquet : « Même un paysage tranquille, même une prairie avec des vols de corbeaux, des moissons et des feux d'herbe, même une route où passent des voitures, des paysans, des couples, même un village pour vacances, avec une foire et un clocher, peuvent conduire tout simplement à un camp de concentration... » Constat terrible. La puissance évocatrice du texte de Jean Cayrol est telle qu'il peut aisément se passer des images. Du reste, le propos de Resnais n'était pas précisément d'insister sur le caractère pathétique et macabre du sujet en déversant avec une pénible évidence des torrents d'indignation. Non. C'est avec des accents d'une « terrible douceur » que Jean Cayrol prête sa voix.

« En un sens, écrit Robert Kanters, on peut dire que le monde de M. Jean Cayrol est une vision banale, quotidienne du monde de Kafka. Où Kafka se croit obligé d'inventer une administration minutieuse et démente, de construire

un inaccessible château, de se tenir au bord du fantastique, M. Jean Cayrol n'a besoin de rien : la chambre d'hôtel, le petit restaurant, le rond de vinasse que la bouteille reposée fait sur la toile cirée, (...) la mégère qui braille, tout ce qui est dans la vie, sans devoir être affecté d'un coefficient d'étrangeté, tout est instrument des hautes œuvres... »

Le texte de Nuit et Brouillard *donne un singulier écho à ce propos. Il n'avait jamais été publié, peut-être par souci de ne pas le dissocier des images qu'il accompagne. Sa lecture, pourtant, est aussi aisée que frappante. Il donne à imaginer, il donne surtout à penser. Il a pour but de nous faire réagir « avec notre cerveau plutôt qu'avec nos nerfs*[1] *».*

Nous rapprochons en annexe le commentaire du film d'Alain Resnais d'un texte de Jean

---

1. *Jacques Siclier, « Histoires de peurs et de pudeurs »,* Cinéma et Libertés, *numéro spécial du* Monde, *mai 1989.*

Cayrol paru en septembre 1949 dans la revue Esprit *sur le « romanesque concentrationnaire ». Il répond à l'obsession de l'auteur de rendre compte de « la plus grande tuerie d'âmes de tous les temps » sur laquelle écrivains, historiens et penseurs n'ont pas fini de s'interroger.*

Michel Pateau

NUIT ET BROUILLARD
(commentaire)

Même un paysage tranquille, même une prairie avec des vols de corbeaux, des moissons et des feux d'herbe, même une route où passent des voitures, des paysans, des couples, même un village pour vacances, avec une foire et un clocher, peuvent conduire tout simplement à un camp de concentration.

Le Struthof, Oranienbourg, Auschwitz, Neuengamme, Belsen, Ravensbruck, Dachau, Mauthausen, furent des noms comme les autres sur les cartes et les guides.

Le sang a caillé, les bouches se sont tues, les blocks ne sont plus visités que par une caméra. Une drôle d'herbe a poussé et recouvert la terre usée par le piétinement des concentrationnaires. Le courant ne passe plus dans les fils électriques. Plus aucun pas que le nôtre.

1933, la machine se met en marche.

Il faut une nation sans fausse note, sans querelles. On se met au travail.

Un camp de concentration se construit comme un stade, ou un grand hôtel, avec des entrepreneurs, des devis, de la concurrence, sans doute des pots-de-vin.

Pas de style imposé. C'est laissé à l'imagination. Style alpin, style garage, style japonais, sans style.

Les architectes inventent calmement ces porches destinés à n'être franchis qu'une seule fois.

Pendant ce temps, Burger, ouvrier allemand, Stern, étudiant juif d'Amsterdam, Schmulzki, marchand de Cracovie, Annette, lycéenne de Bordeaux, vivent leur vie de tous les jours, sans savoir qu'ils ont déjà, à mille kilomètres de chez eux, une place assignée.

Et le jour vient où leurs blocks sont terminés, où il ne manque plus qu'eux.

Raflés de Varsovie, déportés de Lodz, de Prague, de Bruxelles, d'Athènes, de Zagreb, d'Odessa ou de Rome, internés de Pithiviers, raflés du Vel' d'Hiv', résistants parqués à Compiègne, la foule des pris sur le fait, des pris par erreur, des pris au hasard, se met en marche vers les camps.

Trains clos, verrouillés, entassement des déportés à cent par wagon, ni jour, ni nuit, la faim, la soif, l'asphyxie, la folie. Un message tombe, quelquefois, ramassé. La mort fait son premier choix. Un second est fait à l'arrivée dans la nuit et le brouillard.

Aujourd'hui, sur la même voie, il fait jour et soleil. On la parcourt lentement, à la recherche de quoi ? De la trace des cadavres qui s'écroulaient dès l'ouverture des portes ? Ou bien du piétinement des premiers débarqués poussés à coups de crosse jusqu'à l'entrée du camp, parmi les aboiements des chiens, les éclairs des projecteurs, avec au loin la flamme du crématoire, dans une de ces mises en scène nocturnes qui plaisent tant aux nazis.

Premier regard sur le camp : c'est une autre planète. Sous son prétexte hygiénique, la nudité, du premier coup, livre au camp l'homme déjà humilié.

Rasé, tatoué, numéroté, pris dans le jeu d'une hiérarchie encore incompréhensible, revêtu de la tenue bleue rayée, classé parfois « Nacht und Nebel », « Nuit et Brouillard », marqué du triangle rouge des politiques, le déporté affronte d'abord les triangles verts : les droits-communs, maîtres parmi les sous-hommes. Au-dessus : le kapo, presque toujours un droit-commun. Au-dessus encore : le S.S., l'intouchable. On lui parle à trois mètres. Tout en haut : le commandant. Lointain, il préside aux rites. Il affecte d'ignorer le camp. Qui ne l'ignore pas, d'ailleurs... ?

Cette réalité des camps, méprisée par ceux qui la fabriquent, insaisissable pour ceux qui la subissent, c'est bien en vain qu'à notre tour nous essayons d'en découvrir les restes.

Ces blocks en bois, ces châlits où l'on dormait à trois, ces terriers où l'on se cachait, où l'on mangeait à la sauvette, où le sommeil même était une menace, aucune description, aucune image ne peuvent leur rendre leur vraie dimension : celle d'une peur ininterrompue.

Il faudrait la paillasse qui servait de garde-manger et de coffre-fort, la couverture pour laquelle on se battait, les dénonciations, les jurons, les ordres retransmis dans toutes les langues, les brusques entrées du S.S. pris d'une envie de contrôle ou de brimade.

De ce dortoir de briques, de ces sommeils menacés, nous ne pouvons que vous montrer l'écorce, la couleur.

Voilà le décor : ces bâtiments qui pourraient être écuries, granges, ateliers, un terrain pauvre devenu terrain vague, un ciel d'automne devenu indifférent : voilà tout ce qui nous reste pour imaginer cette nuit coupée d'appels, de contrôle de poux, nuit qui claque des dents. Il faut dormir vite.

Réveils à la trique, on se bouscule, on cherche ses effets volés.

Cinq heures, rassemblement sur l'appel-platz. Les morts de la nuit faussent toujours les comptes. Un orchestre joue une marche d'opérette au départ pour la carrière, pour l'usine.

Travail dans la neige qui devient vite de la boue glacée. Le froid aggrave les plaies. Travail dans la chaleur d'août avec la soif et la dysenterie.

Trois mille Espagnols sont morts pour construire cet escalier qui mène à la carrière de Mauthausen.

Travail dans les usines souterraines. De mois en mois elles se terrent, s'enfoncent, se cachent, tuent. Elles portent des noms de femmes : Dora, Laura.

Mais ces étranges ouvriers de trente kilos sont peu sûrs. Et le S.S. les guette, les surveille, les fait rassembler, les inspecte et les fouille avant le retour au camp.

Des pancartes de style rustique renvoient chacun chez soi. Le kapo n'a plus qu'à faire le compte de ses victimes de la journée. Le déporté, lui, retrouve l'obsession qui dirige sa vie et ses rêves : manger.

La soupe. Chaque cuillère n'a pas de prix. Une cuillère de moins, c'est un jour de moins à vivre. On troque deux, trois cigarettes, contre une soupe. Beaucoup, trop faibles, ne peuvent défendre leur ration contre les coups et les voleurs.

Ils attendent que la boue, la neige, les prennent.

S'étendre enfin n'importe où et avoir son agonie à soi.

Les latrines, les abords. Des squelettes aux ventres de bébés y venaient sept fois, huit fois par nuit. La soupe était diurétique. Malheur à celui qui rencontrait un kapo ivre au clair de lune. On s'y observait avec crainte, on y guettait les symptômes bientôt familiers : « faire du sang », c'était signe de mort.

Marché clandestin : on y vendait, on y achetait, on y tuait en douce. On s'y rendait visite. On y échafaudait un plan d'appartement pour le retour. On se passait les vraies et les fausses nouvelles. On y organisait des groupes de résistance.

Une société y prenait forme. Une forme sculptée dans la terreur, moins folle pourtant que l'ordre des S.S. qui s'exprimait par ces préceptes : « LA PROPRETÉ C'EST LA SANTÉ » — « LE TRAVAIL C'EST LA LIBERTÉ » — « CHACUN SON DÛ » — « UN POU C'EST LA MORT ». Et un S.S. donc !

Chaque camp réserve des surprises : un orchestre symphonique, un zoo, des serres où Himmler entretient des plantes fragiles, le Chêne de Goethe à Buchenwald. On a construit le camp autour, mais on a respecté le chêne.

Un orphelinat éphémère, constamment renouvelé, un block des invalides.

Alors le monde véritable, celui des paysages calmes, celui du temps d'avant, peut bien apparaître de loin, pas si loin. Pour le déporté, c'était une image. Il n'appartenait plus qu'à cet univers fini, fermé, limité par les miradors d'où les soldats surveillaient la bonne tenue du camp, visaient sans fin les déportés, les tuaient à l'occasion, par désœuvrement.

Tout est prétexte à facéties, à punitions, à humiliation. Les appels durent des heures. Un lit mal fait : vingt coups de bâton. Ne pas se faire remarquer, ne pas faire signe aux dieux. Ils ont leur potence. Leur terrain de mise à mort.

Cette cour du block onze, dérobée aux regards, arrangée pour la fusillade, avec son mur protégé contre le ricochet des balles. Ce château d'Hartheim, où des autocars aux vitres fumées conduisent des passagers qu'on ne reverra plus.

« Transports noirs » qui partent à la nuit et dont personne ne saura jamais rien.

Mais c'est incroyablement résistant un homme : le corps brûlé de fatigue, l'esprit travaille, les mains couvertes de pansements travaillent.

On fabrique des cuillères, des marionnettes qu'on dissimule, des monstres, des boîtes.

On réussit à écrire, à prendre des notes, à exercer sa mémoire avec des rêves. On peut penser à Dieu.

On arrive même à s'organiser politiquement, à disputer aux droits-communs le contrôle intérieur de la vie du camp.

On s'occupe des camarades les plus atteints... On donne sur sa nourriture. On crée des entraides. En dernière ressource, on pousse avec angoisse les plus menacés à l'hôpital, au « Revier ».

Approcher de cette porte, c'était l'illusion d'une vraie maladie, l'espérance d'un lit. C'était aussi le risque d'une mort à la seringue.

Les soins sont vagues, les médicaments sont dérisoires, les pansements sont en papier. La même pommade sert pour toutes les plaies. Quelquefois, le malade affamé mange son pansement.

À la fin, tous les déportés se ressemblent. Ils s'alignent sur un modèle sans âge qui meurt les yeux ouverts.

Il y avait un block chirurgical. Pour un peu, on se serait cru devant une vraie clinique.

Docteur S.S., infirmière inquiétante... il y a un décor, mais derrière ? Des opérations inutiles, des amputations, des mutilations expérimentales. Les kapos comme les chirurgiens S.S. peuvent se faire la main.

Les grandes usines chimiques envoient aux camps des échantillons de leurs produits toxiques. Ou bien elles achètent un lot de déportés pour leurs essais. De ces cobayes, quelques-uns survivront, castrés, brûlés au phosphore. Il y a celles dont la chair sera marquée pour la vie, malgré le retour. Ces femmes, ces hommes, les bureaux administratifs conservent leurs visages, déposés à l'arrivée.

Les noms aussi sont déposés. Des noms de vingt-deux nations. Ils remplissent des centaines de registres, des milliers de fichiers. Un trait rouge biffe les morts.

Des déportés tiennent cette comptabilité délirante, toujours fausse, sous l'œil des S.S. et des kapos privilégiés.

Ceux-là sont les « prominents », le gratin du camp.

Le kapo a sa propre chambre où il peut entasser ses réserves et recevoir le soir ses jeunes favorites.

Tout près du camp, le commandant a sa villa où sa femme contribue à entretenir une vie familiale et quelquefois mondaine comme dans n'importe quelle autre garnison. Peut-être seulement s'y ennuie-t-elle un peu plus : la guerre ne veut pas finir.

Plus fortunés, les kapos avaient un bordel. Des prisonnières mieux nourries, mais comme les autres, vouées à la mort.

Quelquefois, de ces fenêtres, il est tombé un morceau de pain pour un camarade au-dehors.

Ainsi, les S.S. étaient arrivés à reconstituer dans le camp une cité vraisemblable avec hôpital, quartier réservé, quartier résidentiel, et même – oui – une prison.

Inutile de décrire ce qui se passait dans ces cachots. Ces cages calculées pour qu'on ne puisse tenir ni debout, ni couché, des hommes, des femmes, y furent suppliciés consciencieusement pendant des jours.

Les bouches d'aération ne retiennent pas le cri.

1942. Himmler se rend sur les lieux. Il faut anéantir, mais productivement.

Laissant la productivité à ses techniciens, Himmler se penche sur le problème de l'anéantissement. On étudie des plans, des maquettes. On les exécute, et les déportés eux-mêmes participent aux travaux.

Un crématoire, cela pouvait prendre à l'occasion un petit air de carte postale. Plus tard – aujourd'hui –, des touristes s'y font photographier.

La déportation s'étend à l'Europe entière. Les convois s'égarent, stoppent, repartent, sont bombardés, arrivent enfin. Pour certains, la sélection est déjà faite. Pour les autres, on trie tout de suite. Ceux de gauche iront travailler. Ceux de droite...

Ces images sont prises quelques instants avant une extermination. Tuer à la main prend du temps. On commande des boîtes de gaz zyklon.

Rien ne distinguait la chambre à gaz d'un block ordinaire. À l'intérieur, une salle de douches fausse accueillait les nouveaux venus.

On fermait les portes. On observait. Le seul signe – mais il faut le savoir –, c'est ce plafond labouré par les ongles. Même le béton se déchirait.

Quand les crématoires sont insuffisants, on dresse des bûchers. Les nouveaux fours absorbaient cependant plusieurs milliers de corps par jour.

Tout est récupéré. Voici les réserves des nazis en guerre, leurs greniers.

Rien que des cheveux de femmes... À quinze pfennigs le kilo, on en fait du tissu.

Avec les os... des engrais. Tout au moins on essaie.

Avec les corps... mais on ne peut plus rien dire... avec les corps, on veut fabriquer du savon...

Quant à la peau...

1945. Les camps s'étendent, sont pleins. Ce sont des villes de cent mille habitants. Complet partout. La grosse industrie s'intéresse à cette main-d'œuvre indéfiniment renouvelable. Des usines ont leurs camps personnels interdits aux S.S.

Steyr, Krupp, Heinkel, I.G. Farben, Siemens, Hermann Goering ! s'approvisionnent à ces marchés.

Les nazis peuvent gagner la guerre, ces nouvelles villes font partie de leur économie. Mais ils la perdent.

Le charbon manque pour les crématoires. Le pain manque pour les hommes. Les cadavres engorgent les rues des camps. Le typhus... Quand les Alliés ouvrent les portes... toutes les portes...

Les déportés regardent sans comprendre. Sont-ils délivrés ? La vie quotidienne va-t-elle les reconnaître ?

« Je ne suis pas responsable », dit le kapo.

« Je ne suis pas responsable », dit l'officier.

« Je ne suis pas responsable »...

Alors qui est responsable ?

Au moment où je vous parle, l'eau froide des marais et des ruines remplit le creux des charniers, une eau froide et opaque comme notre mauvaise mémoire.

La guerre s'est assoupie, un œil toujours ouvert.

L'herbe fidèle est venue à nouveau sur les appel-platz autour des blocks.

Un village abandonné, encore plein de menaces.

Le crématoire est hors d'usage. Les ruses nazies sont démodées.

Neuf millions de morts hantent ce paysage.

Qui de nous veille de cet étrange observatoire pour nous avertir de la venue des nouveaux bourreaux ? Ont-ils vraiment un autre visage que le nôtre ?

Quelque part, parmi nous, il reste des kapos chanceux, des chefs récupérés, des dénonciateurs inconnus.

Il y a nous qui regardons sincèrement ces ruines comme si le vieux monstre concentrationnaire était mort sous les décombres, qui feignons de reprendre espoir devant cette image qui s'éloigne, comme si on guérissait de la peste concentrationnaire, nous qui feignons de croire que tout cela est d'un seul temps et d'un seul pays, et qui ne pensons pas à regarder autour de nous et qui n'entendons pas qu'on crie sans fin.

De la mort à la vie

Il n'y a rien à expliquer. Les camps de concentration ont été subis de différentes façons par leurs victimes ; certains en sont morts, d'autres en meurent lentement, coupés du retour, et vieillissent dans cette forme larvaire d'une terreur à demi éteinte ; beaucoup en vivent et tentent de se frayer un chemin à travers cet Insaisissable Camp qui, à nouveau, les entoure, les envoûte, les déroute. Le choc émotif demeure plus puissant que jamais, avec des relents de cette misère exaspérée jusque dans les recoins les plus cachés de la paix : ça sent plus fort que jamais le concentrationnaire. Et ceux qui n'ont connu que par ouï-dire les Camps commencent à avoir les tics majeurs de cet univers. Si on repousse du pied, aujourd'hui, le corps torturé qui apparaît sous le soc d'une charrue, si on se tait pour laisser à chacun la chance d'être un homme, il n'en est pas moins vrai que l'influence, la sollicitude concentrationnaire ne cessent de s'accroître, non seulement dans les réalisations ininterrompues (on imagine de nouvelles cartes géographiques où les principautés du meurtre sont marquées pour les prochains « explorateurs » de ces terres de désolation), mais encore dans le psychisme européen et même mondial.

La littérature, qui achève de vivre dans les derniers soubresauts d'un capitalisme intellectuel ruiné et qui n'a jamais assez de sources pour tous ses écrivains ignorés ou révélés, ne peut-elle en connaître elle aussi les effets les plus enrichissants, se renouveler par cette intime filiation, avec cette effervescence démoniaque, et esquisser en quelque sorte un romanesque concentrationnaire, créant ainsi les personnages d'une nouvelle comédie inhumaine, c'est-à-dire, pour prendre un mot à la mode, un réalisme concentrationnaire dans chaque scène de notre vie privée ?

Je dois avouer tout de suite une certaine méfiance, un certain malaise devant une telle quête spirituelle dans laquelle les assises d'une psychologie traditionnelle seraient volatilisées ; mais il n'est pas possible de passer sous silence l'ascendant que paraît encore avoir le Camp de concentration sur nos âmes, le pouvoir fascinateur dans lequel il tient de nombreuses nations. Notre avenir le plus proche peut en ressentir les premières manifestations et faire renaître ses étranges cohortes. Il n'y a pas de mythe concentrationnaire, il y a un quotidien concentrationnaire.

Il me semble qu'il est temps de témoigner de ces étranges *poussées* du concentrationnat, de ses timides accès dans ce monde que nous vivons, issu de la grande peur ; nous en portons les stigmates.

Aussi n'est-il pas absurde d'envisager un art né directement d'une telle convulsion humaine, d'une catastrophe qui a ébranlé les fondements mêmes de notre conscience, un art qui serait peu propice au chantage qu'exerce tout mode littéraire, un art qui, par suite de ses créations et de ses procédés mêmes, porterait le nom d'art lazaréen. Il existe déjà en formation dans notre histoire littéraire (il serait facile de trouver un côté diurne et un côté nocturne dans son développement).

Et cet art dont la nature est exceptionnelle et déroutante, où l'invraisemblable et le naturel se confondraient, n'est, au fond, dans son paroxysme, qu'un des aspects très ordinaires que pourrait prendre peu à peu, à notre insu, l'art tout court, aussi bien en littérature qu'en peinture ou en musique dans ces nouvelles œuvres. On peut prévoir, et déjà nous avons pu le déceler chez certains jeunes peintres, un certain courant concentrationnaire ou lazaréen dans l'inspiration de nombreux tableaux exposés (répétition continuelle des mêmes formules, état hypnotique des formes et des volumes, tension de la couleur, monde panique des objets, etc.) ; le trait refuse de se plier aux exigences de la plaie, d'en prendre la sinuosité ou le frémissement. Picasso est le peintre par excellence qui aurait pu installer son chevalet sur l'appel-platz de Mauthausen ou de Buchenwald. Nous traversons une période *sournoise* de la peinture contemporaine où tout peut arriver, se dégénérer, s'altérer sans que le peintre sache quelle main conduit son pinceau, quel regard épouvanté saisit sa vision sans rachat.

En littérature, la suggestion est plus discrète, plus mesurée ; l'écrivain croit encore aux dogmes stendhaliens ou balzaciens ; il sait ce qu'il trouvera derrière les portes même les plus verrouillées. Il a ses aises dans la fiction romanesque, malgré certains qui s'inquiètent de ne plus voir de nom écrit aux portes et s'avancent, une arme à la main. Nous attendons aujourd'hui des écrivains conquérants, qui n'ont pas honte d'enjamber les cadavres ou la pourriture et dont, je suis sûr, la porte s'ouvrira sur le grand royaume de Dieu ; nous avons plus que jamais besoin d'écrivains de *salut public*, de ceux qui n'ont pas peur de se salir les doigts, de descendre dans les âmes même les plus dévoyées : l'illustre maison de l'homme.

Nous n'avons connu et lu jusqu'ici sur les Camps que des témoignages pathétiques, certes, mais qui ne montraient qu'un visage des Camps, le plus spectaculaire, le plus digne de foi, le plus hideux, mais ce visage ne valait que jusqu'à la Libération ; on ne savait plus après quel masque il porterait. Seuls les livres d'Antelme ou de Rousset surnagent ; ils ont dessiné la physionomie générale des Camps allemands qui entrent déjà dans la préhistoire concentrationnaire.

Beaucoup croient que nous en sommes arrivés à la période des musées et des amicales ; on se reproche d'y penser ; on se méfie des souvenirs. Pourtant, nous laissons nos amusements les plus frivoles baigner dans la lumière concentrationnaire. Un de mes amis me le faisait remarquer avec juste raison dans une de ces caves du VIe arrondissement, en proie au délire d'une danse qui rappelle celle qui accompagne l'initiation des jeunes gens dans quelque tribu australienne ou certains plaisirs des Camps (je songe à ce mourant qu'on faisait danser comme un pantin, à l'aube, dans un groupe de gitans). Cet abandon dans le déchaînement, cette *volubilité* de la danse, ce culte forcené du non-être, ce manque de prise sur le réel, cette répétition infinie des figures chorégraphiques, le refus du temps, etc., sont déjà des signes prémonitoires de nouveaux temps mis à la portée de tous les enthousiasmes de la jeunesse ; il ne manquait plus que l'ange de cette réunion exténuée mais frénétique, l'ange hilare de cette communauté sans amour qui, suivant le vers de Shakespeare, n'est ni « seigneur ni propriétaire de ses grimaces ».

Et pourtant qui a eu l'idée, un seul instant, de songer aux Camps inaltérables malgré le temps, les saisons, l'espoir ? Qui veut y entendre encore le bruit de la misère humaine ? Même ceux qui en ont été atteints se trouvent dans l'état indéfinissable du malade lorsqu'on ignore le nom de son mal et les méthodes pour le guérir. Ils cohabitent avec leur maladie, leurs crises, au détriment de leur vie et de leurs « années perdues » depuis leur retour, imperméables aux raisons essentielles d'exister.

De là découlent ce silence pudique qu'on découvre chez les déportés, ce manque d'imagination de leur expérience, ce sentiment d'un temps lui-même déporté, ce muet étonnement quand on leur parle, et beaucoup se laissent envahir par cette extraordinaire somnolence lazaréenne, cette inertie que l'on retrouve dans le livre magistral d'Albert Cossery : *Les Fainéants dans la Vallée fertile,* c'est-à-dire le monde de la torpeur qui avait même gagné, une nuit, souvenez-vous-en, les Apôtres bien-aimés du Christ.

Et si les déportés se retrouvent, c'est dans un univers faussé, dans une communauté dénaturée au cœur de laquelle chacun de ses membres prête tellement à équivoque, car on ne peut pas faire une Amicale des Sept-Douleurs, une Amicale de la Croix en dehors de celle de l'Église ; on ne peut pas se réunir pour échanger ses propres plaies comme des timbres-poste ; les souvenirs sont intransmissibles. Devant cette vie en marge qui attend les concentrationnaires, ne doit-on pas se demander s'il n'y a pas également une façon particulière d'écrire, de sentir, d'approcher ? Y a-t-il un style, un romanesque concentrationnaires en dehors des victimes qui n'ont plus rien à exprimer, un romanesque dans lequel tous les événements même les plus familiers nous demeurent incompréhensibles, répréhensibles, rebutants, irritants et si peu révélateurs pour le non-initié, pour le lecteur qui se refuse à entrer dans le jeu infernal de cet *émiettement* du concentrationnat et brise à tout prix n'importe quel miroir de son propre mal afin de se réfugier dans une béate indignation et dans la paix douillette de son âme ?

Il nous semble qu'on peut déjà dégager quelques principes d'un art lazaréen ou concentrationnaire et je crois que les déceler, en dévoiler tous les signes, de peur de la contagion, en abattre tous les masques est de première importance ; il ne faut rien laisser dans l'ombre, les ténèbres sont si vite arrivées.

En effet cet art mystérieux, subtil, encore furtif peut devenir, si nous continuons à côtoyer les charniers de toutes sortes, les hommes qu'on abat en Chine sur les places publiques sous l'œil indifférent des caméras, l'art unique, inséparable de notre condition précaire d'homme, un art qui a déjà, peut-être, son premier historien et chercheur dans l'inquiet Albert Camus.

Car on pourrait faire un historique de la question ; je n'en veux pour preuve que ce récit lazaréen paru au XVIIIe siècle sous la plume de l'abbé Prévost et qui a pour titre : *Aventures intéressantes des mines de Suède.* En voici la présentation. Je la cite pour une *certaine* mémoire.

Tout le monde a entendu parler de ces mines de Suède si vantées, dans lesquelles on assure qu'il se trouve des habitations aussi régulières que sur la surface de la terre, composées d'un grand nombre de familles qui ont leurs chefs, leurs ministres, leurs juges, leurs maisons, leurs marchés, leurs boutiques et leurs églises ; enfin auxquelles il ne manque rien de ce qui forme les sociétés les plus paisibles et les mieux policées. À la vérité, ceux qui les composent sont pour la plupart des brigands qu'un travail forcé rend utiles au monde, après avoir mérité d'en être bannis pour leurs crimes. Mais comme on ne rejette jamais ceux qui demandent volontairement d'être occupés aux mines, il s'y trouve aussi quantité d'honnêtes gens que la pauvreté et la misère ont réduits à cette nécessité... Un voyageur anglais étant en Suède, occupé à la recherche de tout ce qui appartient aux fossiles, voulut connaître par ses propres yeux ces demeures souterraines... Il descendit dans la mine la plus célèbre à l'aide d'une machine. Il trouva comme il s'y attendait des assemblées nombreuses de l'un et de l'autre sexe, mais dans un état moins florissant qu'il ne se l'était figuré. L'image de la plus affreuse misère s'y offrait de toutes parts. Les habits, les trous auxquels il entendait donner le nom de maison, les aliments, tout y ressentait l'horreur d'une affreuse prison. Aussi la tristesse et la pâleur étaient-elles peintes sur tous les visages.

Ce texte assez impressionnant pourrait faire partie d'une anthologie de l'expérience concentrationnaire avec certains fragments des Anciens, je pense souvent à Phalaris, tyran de Sicile, créateur d'un taureau d'airain dans lequel on enfermait les hommes et qu'ensuite on échauffait par de grands feux ; les cris de ces malheureux devaient, en sortant de la bouche du taureau, en imiter les gémissements. C'est la première image symbolique des Kremas.

Dans le récit de l'abbé Prévost, on découvre déjà les raffinements lazaréens : mélange subtil des criminels et des honnêtes gens, communauté de sous-hommes, misère indescriptible, inconscience et léthargie des victimes, etc.

Mais prenons un texte récent afin d'essayer d'énumérer les particularités fondamentales de ce romanesque contemporain, son originalité obsessionnelle qui donnent à cette littérature des ténèbres un côté tendu et indifférent. Ces pages qu'un déporté m'a données ont comme titre : *La Lumière dans les ténèbres*. Je ne vous parlerai pas de leur contenu : ce sont des annotations en marge d'un témoignage des Camps, mais c'est le ton qui est inquiétant et neuf, le ton même de ces nouvelles Béatitudes qu'on pourrait nous proposer. Je choisirai seulement une phrase qui me permettra de souligner déjà les termes extrêmes de cette littérature d'apocalypse et qui formeront le premier aspect extrêmement simplifié et élémentaire d'une œuvre dite lazaréenne.

Le Kapo survenait et nous excitait comme un charretier avec ses chevaux tirant sur un tombereau embourbé.

Et la journée s'acheva sous les rayons d'or qui annonçaient le crépuscule. Il gelait à pierre fendre. Je n'avais sur le dos que ma veste en haillons. Courbé sous le joug, je n'avais pas souffert du froid.

Nous pouvons apercevoir schématisés mais déjà apparents les deux termes de cette littérature : le merveilleux ou le féerique représentés par ces mots « et la journée s'acheva sous les rayons d'or qui annonçaient le crépuscule » et la réalité quotidienne « il gelait à pierre fendre », mais, et cela est l'essentiel, le merveilleux ou le féerique conduit le réel, le subjugue, l'éblouit à tel point que le prisonnier ne s'aperçoit plus du froid. Nous trouvons ainsi esquissé ce dédoublement de l'être lazaréen, amplifié d'ailleurs par ses rêves nocturnes. Celui-ci vit sur deux plans distincts et pourtant reliés par un fil invisible, le plan de la terreur et le plan de l'exaltation, celui de la griserie et celui du détachement.

J'ajoute un autre passage du même ouvrage encore plus significatif.

Maurice me proposa d'assister à une répétition de son quatuor. Je le suivis dans un block qui m'avait toujours semblé mystérieux *(la scène se passe à Buchenwald).* Quelques rares privilégiés étaient admis à y pénétrer. C'est là que travaillaient les pathologistes. Ils disséquaient les cadavres et rédigeaient des rapports sur les maladies. Les musiciens s'installèrent dans ce musée où des têtes de détenus coupées en deux, des poumons avariés, des intestins, des cœurs, des viscères trempaient dans des bocaux. Sur les étagères s'alignaient des figures réduites suivant la méthode en usage chez les Jivaros... Je m'assis, prêt à entendre un quatuor de Haydn. Près de moi, une moitié de visage baignait dans l'alcool. L'œil était ouvert. Il me fixait avec insistance. Impossible d'y échapper. Son regard venait de l'au-delà, inexpressif et glacé mais vivant. Je changeai de place, préférant à ce témoin entêté les lobes d'un cerveau où couraient de minces canaux sanguins. Haydn répandit sa grâce sur cette collection sinistre. Maurice fit entendre des pages sublimes. Soulevés, accoudés sur leur paillasse, la tête en avant, les invalides semblaient sortir d'une tombe. Muets, fascinés, ils étaient sous le charme d'une apparition miraculeuse. Ils ne savaient pas qu'on leur jouait du Mozart. On le leur avait dit, mais peu leur importait le nom ; c'était de la musique ; elle opérait sur eux, les transfigurait... Un éblouissement leur passa devant les yeux, une forme du paradis, une blancheur lumineuse qui leur arracha les larmes. Ils ressuscitaient de leurs hardes, merveilleusement consolés et, quand l'incantation prit fin, ils remercièrent Maurice, leur missionnaire.

Nous pouvons déjà en tirer les conséquences suivantes pour le romanesque que j'envisage. L'étonnement, la surprise, l'inédit n'existent pas dans un milieu lazaréen ; on vit assez facilement ce qui se présente sans se poser la moindre question. Du fait du relâchement perpétuel dans lequel vit le prisonnier, celui-ci subit les exceptions comme les abus, les mélanges les plus absurdes comme les déformations. L'habitude n'engendre plus rien. Toute création devient imprévisible, inhumaine, car elle se fait aussi bien qu'elle se défait sans raison apparente. Rien ne sera plus *surprenant* ; chaque situation peut apparaître ou disparaître, se réformer ou se déformer en dehors de l'être qui les vit dans une sorte d'incantation qui est le propre de cette magie lazaréenne diffuse.

Nous supportons une époque, que je veux croire transitoire, qui sert bien ce partage effrayant de l'homme, la part du ciel et celle d'une terre inacceptable. « Tout ce qui est lié dans le ciel sera lié sur la terre », dit l'Évangile. Aussi, comment ne pas souligner l'extraordinaire *laisser-aller* de cet univers démoniaque où, justement, rien n'est tenu, où tout est dispersé, pulvérisé, où les journées ont un aspect provisoire, inachevé, où les nuits ne tiennent pas au sommeil, où les parties sexuelles de l'homme sont monstrueuses, énormes sur un corps squelettique, où le pain s'émiette, où les consciences se relâchent, où les souvenirs d'hier se défont, où le présent ne tient qu'à une *lubie* de quelque personnage supérieur ; le temps de tailler un crayon comme dans *L'État de siège* de Camus et l'on supprime l'homme. Une œuvre lazaréenne ne peut que porter témoignage de cette agonie débordante, et toute l'Europe l'a connue dans ses exodes, dans ses ghettos, dans ses caves, dans ses famines. Le voilà déjà le premier homme après l'Épreuve, le héros de ce « Western » tragique qui n'a pas encore fini sa chevauchée.

Ainsi se dessine, sinon dans la première page d'un livre, tout au moins au fond de notre conscience, ce personnage romanesque avec son manque de rigueur, sa complaisance pour ce qu'il vit et ce qui le tue, son déséquilibre intérieur, son *échappatoire* vers un monde triomphant, léger et vague où « un trésor est caché dedans », hanté jusqu'à la fin par le souvenir de ce « crépuscule sans aurore » dont parle Senancour.

L'œuvre lazaréenne, d'abord et avant tout, sera amenée à décrire avec minutie la solitude la plus étrange que l'homme aura pu supporter. Ce n'est pas une solitude dans laquelle il y a une porte de sortie, une issue. Chacun de ses « fidèles » s'enveloppera de cette solitude comme d'un vêtement à sa taille qui le préservera des atteintes cruelles du monde extérieur. Il est si vulnérable qu'il prendra l'habitude de la solitude comme le seul moyen de protection, la seule arme. Il vivra dans cet isolement comme s'il ne savait pas qu'il était seul ; se perdre dans la foule n'est pas un vain mot pour lui. Il *mettra* partout la solitude dans sa vie comme on *met* le feu aux rideaux, à sa propre maison et il vivra comme si un juge l'avait condamné à la solitude la plus effrayante puisque désertée, puisque tout visage humain paraît y être interdit. Cette solitude est pourtant active et ne laisse pas un vague à l'âme, un ennui, comme diraient les romantiques ; elle est bien vivante, remuante, et si elle dévore l'individu, elle est tout de même un succédané de la passion commune mais dans laquelle il ne reste plus que des épaves, des coquilles mortes comme si la vie elle-même s'en était retirée (je pense à la solitude du prêtre de Graham Greene quand les êtres humains se refusent à son approche mais où, pourtant, il y a matière à vivre, à exister, la solitude d'avant la grâce ou la condamnation, où tout est proie, où l'homme démesuré cherche en vain la vraie mesure, l'étalon de son âme). Ainsi le romanesque lazaréen s'appuiera sur une solitude *à cran d'arrêt,* si je peux dire, et elle peut prendre une figure assez insoutenable car elle apparaît comme une *permission* qui est octroyée ; elle peut laisser vivre sa victime avec les autres, apparemment, mais celle-ci y devra revenir constamment car elle n'a pas la possibilité de voir ou d'entendre autrement qu'avec le regard ou l'oreille de sa solitude.

Tout passe par un secret avant d'arriver jusqu'à ce prisonnier volontaire, car il appartient à quelque chose qui n'appartient à personne. Sa solitude est un *répit*. Il n'est éveillé que dans son secret, c'est-à-dire son Camp, et tout le reste est imaginé en fonction de ce secret. Par sa solitude, il communique avec le reste des mortels ; il peut y prendre l'air du monde, parler un langage dont il ne connaît que l'imposture mais il revient apporter toutes les richesses qu'il vient d'acquérir à ce secret, toute son affectivité. Le lazaréen n'est jamais seul dans sa solitude ; il donne tout son temps psychique à ce minotaure qui est en lui jusqu'à la mort.

Je lis dans un manuscrit de femme déportée une phrase, à la fin d'une page, qui me paraît une clef essentielle :

« Mais comment vais-je faire pour mourir ? »

Le déporté a vécu jusqu'à l'usure sa mort, sa condamnation, sa damnation, il ne faut pas l'oublier, et la solitude dans laquelle il s'enferme n'est-elle pas là pour résoudre cette interrogation effrayante qui le laisse parfois insensible aux problèmes de sa vie quotidienne et familiale ? Il a épuisé dans un camp toutes les possibilités de mourir, toutes les façons d'entrer en agonie et, au moment où il est revenu, il s'est aperçu de l'étonnante liberté que lui a laissée la mort, de cette indépendance qu'il garde vis-à-vis de sa propre fin. Dans le retour il se heurte aux limites traditionnelles d'une existence d'homme : la vieillesse, les accidents, les maladies. C'est pourquoi cet isolement est inséparable de tout personnage lazaréen ; tout est prétexte à sa solitude, à la nourrir, à l'engranger.

Le romanesque lazaréen a pour base la solitude où l'être vivra l'excès d'une vie, son dérèglement, avec tous les dangers que peuvent représenter ses contacts avec des puissances dont il vaut mieux taire le nom. Il poussera jusqu'au bout son expérience du mal afin de faire éclater la « vérité du Camp ». On peut se demander alors comment se présentera pour lui l'idée de suicide. Il n'y sera attiré que par son formalisme, un certain cérémonial ; il pourra même se délecter à imaginer des détails inédits, nouveaux ; il joue avec son suicide comme le chat avec la souris, mais il n'est pas un être qui se suicide car ce serait renoncer à son état de concentrationnaire qui lui paraît privilégié. – On ne doit pas oublier que je grossis les traits que je trace.

Mais alors quel sera son comportement vis-à-vis de ses semblables ? A-t-il une notion du prochain ? Je reprends un texte donné par une déportée. Elle y raconte un rêve qu'elle eut après son retour et qui explique assez bien le développement que pourra prendre une passion dans un ouvrage lazaréen.

I. – Ma mère habite une pension de famille ; elle me fait téléphoner de temps en temps, mais je m'aperçois avec horreur que je ne l'ai pas vue depuis un mois. J'ai laissé s'écouler tout ce temps sans profiter d'elle. Je vais à son chevet. Son état n'est pas meilleur, elle ne parvient pas à se rétablir mais elle n'est plus tout à fait comme AVANT car elle n'a pas échappé aux effets de la déportation.

II. – Je retrouve papa ; il vient de rentrer de déportation ; ma joie de le revoir est immense et indescriptible ; je saute dans ses bras et l'embrasse ; il me paraît très amaigri et en assez bon état... puis je l'emmène au spectacle ; nous sommes assis l'un à côté de l'autre ; je continue à le questionner et quelle n'est pas mon épouvante lorsque je m'aperçois qu'il est devenu fou... Oh ! il n'est pas complètement fou, bien sûr... Ce n'est plus mon père que j'ai là, à côté de moi...

Ces deux rêves donnent toute l'explication et l'accent que pourront avoir les relations affectives entre les personnages d'une œuvre lazaréenne. D'abord l'oubli des êtres les plus chers, une totale indifférence envers ceux qu'ils aiment, parfois une secrète répulsion qui permet d'envisager le pire sur chacun, l'abolition de toute tendresse, une facile déception qui ne demande qu'à s'accroître. La sympathie peut souvent devenir intolérable pour le héros concentrationnaire ; il écarte tout ce qui le retient et il se méfie de tout mouvement d'abandon ; il est rapidement accablé et aimerait jouer le rôle du *convive de pierre* dans les assemblées ; tout désir s'abolit en lui ; il peut se contenter d'amours furtifs, d'amitiés éclairs, mais il ne se trouve bien que dans l'instabilité ; il fera naître l'indifférence. Mais nous arrivons au point essentiel de son comportement, la naissance en lui-même d'un amour parasitaire, accompagné d'une tenace insensibilité.

Le romanesque lazaréen est un romanesque chaste ; il n'aura pas de gestes osés, de mots audacieux. Il n'est pas encore arrivé à se réincarner dans un autre monde que le sien. Tout personnage lazaréen est un être castré dont le subconscient prolonge les conséquences les plus inattendues jusque dans une sorte d'ascétisme farouche. Il ne sait plus appréhender, retenir, saisir. Tout *contact* peut devenir pour lui *attouchement* ; il voit mal un corps, la beauté d'une épaule, la pureté d'un profil ; il ne sait que répéter ce qu'on dit avant lui. La couleur des yeux lui échappe ; les particularités d'un visage s'évanouissent devant son regard. Ainsi, l'écrivain ne pourra peindre une physionomie, tracer un portrait, le différencier, l'analyser, y trouver une ressemblance, une préférence. S'il décrit un personnage, il en fera une peinture comme celle d'une nature morte, fixe, pétrifiée. Les muscles n'y bougeront pas, les yeux seront immobiles, légèrement hagards. La bouche sera toujours ouverte, non pour la parole mais pour le cri. « Ne pas se livrer » : tout est là pour un héros lazaréen. Il vivra dans l'anonymat, dans l'illégalité même de ses sentiments et il ne pourra découvrir que chez les autres le sens profond d'un amour, son équilibre, sa joie, sa plénitude. Il recherche sans fin un exemple, un modèle, et au cœur de cette désintégration sentimentale dans laquelle il se débat, peut-être n'est-il pas loin de tous ceux qui reportent sur les autres le soin de réussir un amour. Je songe aux innombrables revues hautes en couleur qui projettent sur notre monde les ombres de couples célèbres et qui font subir une *dictature* affective sur tant de nos compatriotes. L'amour parasitaire n'est pas seulement une suite des camps de concentration, mais un effet de cet univers sans Dieu où les ersatz se mêlent aux produits les plus purs de notre cœur et de notre spiritualité. Ce monde indifférent dans lequel nous sommes ne peut plus exister que dans ses reflets, dans son écho, dans son image ; l'érotisme même a disparu. Le plexiglas a remplacé le cristal le plus clair, car nous cherchons à avoir un monde incassable entre les mains. L'amour parasitaire est une épidémie mentale qui nous atteint rapidement. Nous traversons une épopée de la lassitude et les faits divers des journaux nous le démontrent quotidiennement ; on tue par lassitude ; on fait mourir de faim par lassitude.

On fait aimer les autres par lassitude (souvenez-vous des petits courriers du cœur, de la répercussion d'un divorce d'actrice, du rire d'une salle devant le film *Le Diable au corps*, etc.). L'amour parasitaire, phénomène lazaréen, n'est pas la peur de l'amour, comme pourraient le croire certains, mais la nostalgie de l'amour dans un amour sans objet où le charnel n'est plus lié au surnaturel, et dans cette dissociation tout peut arriver, hormis la création ; ce n'est plus qu'un fruit de déception.

Mais l'effet le plus grave de cet amour parasitaire, et parfois sa cause, c'est la tentation de « double vie » que pourra avoir le héros concentrationnaire, la tentation d'une autre existence supervisant celle de tous les jours, parfois la débordant à tel point qu'il apparaîtra comme un falsificateur, un individu louche et sans scrupule.

En dehors de cet amour parasitaire, le personnage lazaréen est en perpétuel désaccord avec ses semblables alors qu'il est capable de se mêler si intimement avec les choses, de se perdre dans un objet, de se suffire d'un reflet. Il est toujours en deçà ou au-delà de la situation qu'il provoque. Il ne peut trouver la juste mesure, l'exact équilibre. Il a, la plupart du temps, le souffle coupé devant chaque événement. Il ne peut rester en place comme l'oiseau sur la branche, prêtant une oreille distraite à celui qui lui adresse la parole ou devenant un juge intransigeant devant chacun de ses propos ou enfin le perdant de vue et vivant son départ ou son absence alors que l'autre se dresse toujours devant lui et continue à lui parler ; il arrive même à être hanté par le désir de *déséquilibrer* l'être qui essaie d'entrer en rapport avec lui, de l'induire en tentation ; cette manie funeste est peut-être une réminiscence du rapport victime-bourreau.

Mais pourquoi le héros lazaréen ne peut-il entrer dans une histoire ? Tout se paralyse autour de sa personne. Il se tient dans l'immobilité ; il est tout de suite affolé quand il est obligé de s'installer dans une action quelconque, de prendre les devants, d'accomplir une péripétie ; il perd tous ses moyens. Il n'y a pas d'histoire dans un romanesque lazaréen, de ressort, d'intrigue. Les personnages avancent par bonds, parfois tapis comme des bêtes dans la jungle, parfois mourant du désir d'être retrouvés, compris, aimés. Le héros d'une telle fiction est toujours debout, sans répit, ne vivant que le déchaînement d'une passion sans en suivre la progression, le rythme, irréfléchi, bousculé, emporté dans une multiplicité d'épisodes, dans un éparpillement de l'action, dans une sorte de corruption de la réalité. Tout devient irrespirable près de lui ; on perd contenance devant ses mouvements haletants. Aussi a-t-on envie de lui crier : « Repose-toi un peu ; personne ne t'oblige à être partout à la fois, à goûter à tous les destins, à devenir cet enragé de la solitude et de l'amour, à payer pour les autres, à te démunir à un tel point de ta condition humaine. »

Mais il est déjà loin ; il poursuit sa route la tête basse, avec ce côté tendu que peuvent avoir les condamnés qui n'ont plus que quelques pas à vivre. Il ne vous écoutera pas, ce conquérant épouvanté, ployant sous le poids de ses reliques les plus extravagantes ; on le perd vite de vue, car nous ne connaissons pas encore la morale obscure et énigmatique à laquelle il obéit aveuglément.

Ainsi peut-on déplorer que le héros lazaréen ne sache pas se conduire devant les autres, même devant ceux qu'il a aimés et choisis. Les êtres, les paysages se présentent « voilés » comme une plaque de photo ; il a pourtant tout fait pour les *saisir en plein dans le vif,* mais il ne garde d'eux qu'une impression confuse ; il ne sait pas les « cadrer », il n'arrive pas à les prendre dans un bon éclairage ; c'est toujours au crépuscule, dans l'approche de la nuit qu'il songe soudain à en fixer les traits. Sa main tremble devant ces visages offerts ; le doute s'insinue en lui, une certaine méfiance. Il a désappris à juger son prochain, à voir clair en son cœur ; il peut suspecter toute personne de desseins malhonnêtes, de sombres projets, de combinaisons. Rien n'est simple à son approche. Il a le don de la complication, du calcul, des difficultés. Il aperçoit dans son interlocuteur un ennemi à endormir, un bourreau à deviner ; le monde n'a plus figure humaine. Depuis le retour, songe le déporté, qui a retrouvé son visage, qui a pu rentrer dans ses traits, qui n'a pas subi d'« opérations de la face » ? Sait-on jamais qui est à côté de soi ? Les passés sont flous ; aujourd'hui, on joue des visages comme des coudes. La défiguration humaine a été portée à son comble ; nous en sommes à reconnaître les cadavres. Nous faisons partie de la grande époque de l'identification. Quand un personnage concentrationnaire se présente devant un autre avec toute la courtoisie désirable, il se passe le phénomène suivant dont Hitler a été le principal exemple. Tout être qui se présente devant lui *est en même temps* toute l'humanité, avec ses métamorphoses, ses masques les plus publics. Il n'accroche que la mort dans un visage.

C'est toujours une foule que le personnage lazaréen a devant ses yeux, même dans le plus simple visage. C'est en quelque sorte la magie de la dépersonnalisation qui apparaît, déploie toutes ses ruses comme tous ses fastes ; un visage se multiplie à l'infini devant le regard du concentrationnaire. Ses réflexes étant annihilés, il ne peut choisir un *moment* du visage ; la transformation est incessante et illogique.

Peut-être a-t-il, inconsciemment, la peur de souiller l'autre, de le contaminer car, pour lui-même, il porte sa propre purification dans le souvenir du

Camp ; il est en quelque sorte dépositaire de ce que je pourrais appeler un « Camp lustral » ; il peut revenir à cette source, s'y plonger, car il est persuadé qu'il existe une *innocence* à retrouver dans cette misère virginale. On remarque que dans ce monde que je tente de décrire, le visage du Christ n'apparaît pas ; le lazaréen n'a que le mal du Camp, ce mal qui garde autour de lui un voile d'ambiguïté et pose une équivoque. Il y a peut-être là un monstrueux orgueil, celui du Samedi saint. Le chrétien qui pourra apparaître dans une fiction de cette sorte sera toujours celui qui ne peut accomplir jusqu'au bout sa passion, qui est descendu avant la douzième heure. Le déporté est revenu alors qu'il semblait condamné. Pourquoi est-il revenu ? Pourquoi a-t-il été choisi pour revenir ? Quel est le sens de la mort des autres ? Pourquoi lui a-t-on laissé ce maudit goût de l'agonie à la bouche pour l'enlever brusquement à sa passion ? Ainsi tout romanesque concentrationnaire ne peut être que l'illustration du Samedi saint, du jour où, comme des instruments désaccordés après le passage du Seigneur, les hommes ne peuvent que se désespérer du *déracinement* de leur croix.

Il y aura donc également dans toute œuvre dite lazaréenne une apparence de miracle, un sosie du prodige qui pourra égarer, à l'extrême, tout lecteur non averti, et le laisser dans le « flottement » d'un livre trop fin et en même temps trop exaspéré. L'écrivain *rase* les idées comme l'oiseau rase la surface des eaux d'une rivière ; il ne peut se concentrer ; il ne sait que s'étourdir. Le romanesque concentrationnaire donnera cette pénible impression, à couper le souffle, que tous les incidents, les faits dramatiques ou autres, ne plongent pas dans la réalité de la vie, passent comme une risée, un coup de vent, en ne laissant que des traces fugitives, mal comprises, difficiles à retenir. On n'y déchiffre encore rien.

Nous en arrivons ainsi dans toute invention lazaréenne à une impénétrabilité des êtres qui évolueront dans un monde dédoublé sans fin, à une incommunicabilité entre les interlocuteurs, d'où abus du monologue, recherche de phrases lapidaires, d'inscriptions bibliques. Le héros n'aime pas qu'on lui réponde ; il se suffit à sa question, il désire laisser en suspens sa demande. Il ne craint pas le mutisme et parfois notera-t-il avec une certaine satisfaction le malaise grandissant de l'autre ; tous les mots lui ayant été un jour ôtés, il s'est déshabitué du mouvement merveilleux des lèvres, de la chaude parole, du verbe fait chair.

Le dialogue d'un romancier lazaréen sera, ou simplifié à l'excès, ou enrichi, embelli, poétisé. On choisira les mots les plus succulents, les images précieuses et faciles. Le tout, ce n'est pas d'exprimer la vérité d'une action ou d'un sentiment, c'est plutôt de dessiner autour de telle action ou de tel sentiment une *aura*, de leur donner un lustre inimaginable, une résonance comme un cristal dont on prolongerait le tintement pour le plaisir. Le personnage ainsi décrit apparaîtra comme un affreux dilettante, un amateur ennuyé, un esthète qui, dans une situation donnée, détournera la tête pour écouter brusquement le chant d'un oiseau ou le vent dans un arbre. Il croit pouvoir reculer ainsi le moment de choisir, de s'engager. Il musarde en attendant alors que le danger peut être imminent. Il prend la position d'un esclave aux pieds de son maître et qui chante d'une voix faible ses airs favoris pour l'apaiser, le rasséréner. Il deviendra une victime de charme, si j'ose m'exprimer ainsi.

Cette littérature se présente comme une littérature d'empêchement. Les êtres vivent chacun dans leur royaume ou dans leur prison sans autre communication que celle que l'auteur pourrait proposer, c'est-à-dire sa propre voix ou ses propres actes. (L'écrivain n'aura jamais assez de tous ses personnages pour se dévouer à la cause commune de réincarnation.)

Tous les êtres décrits ne peuvent arriver à leur plein développement spirituel, car un « obstacle » se dresse sans cesse sur leur route, l'éternelle difficulté qui se répète à l'infini, et ils rejoignent les héros des romans comme l'*Armance* de Stendhal ou le *Joko* de Pougens, par exemple. Ils ne peuvent s'accomplir et s'épanouir dans le déroulement de leur destin par suite de cette retenue, de cette infernale gêne qui détruit toute spontanéité dans leur manière d'agir, de prévoir ou de croire. Je cite les mots de Madame de Malivert dans *Armance* :

« L'aimes-tu toujours malgré ce défaut dont il est le premier à souffrir ? »

C'est là le problème affectif qui se posera à chaque instant pour le principal personnage ; on peut lui murmurer avec Stendhal :

« Votre grand crime est de vous tenir loin de nous. »

N'est-ce pas la phrase clef de ce bizarre romanesque ? Mais que peut répondre ce nouvel enfant du siècle lazaréen ? Nous faisons le même aveu que la duchesse de Duras dans *Édouard* :

« Le malheur l'avait rendu comme étranger. »

Nous apercevons ainsi l'intime filiation du héros lazaréen avec d'autres héros douloureux de notre littérature qui sont *gênés* de vivre pour différentes raisons et vont jusqu'à l'extrême usure de leur solitude. Mais ici, le mal est plus profond car le héros concentrationnaire n'est pas « fin de race » comme Octave de Malivert, il est, au contraire, premier d'une nouvelle race dont nous n'en avons pas fini de découvrir d'innombrables spécimens jusque dans notre propre maison. Nous sommes, pour la plupart, sujets de l'univers lazaréen sous toutes ses formes. Nous sommes dévorés par un feu que nous n'avons pas allumé.

Le lazaréen qui ne sait pas se tenir en face d'un amour ou d'une amitié et qui se dérobe même au bonheur et à sa propre guérison sera capable de fureurs inouïes, de colères brusques ; il grossit sa voix et ses propos alors qu'il se sent si faible et si fragile. D'ailleurs, il ne peut longtemps rester en colère ; il en est de suite intoxiqué ; malgré cette rage de se mettre à la hauteur de la situation, de ne pas paraître déchoir (il veut montrer qu'il a tout réappris), il n'aura que des « coups de foudre » dans la haine. Cet état d'exaltation ne durera pas ; il est déjà prêt à sa soumission, à reconnaître son erreur. Il sera comme un drogué qui tente de s'imposer au fur et à mesure que croissent sa faiblesse et son ignominie. Et pourtant combien il connaît la peur, une peur qui ne vient pas seulement d'un bruit ou d'un geste ou d'une ombre, mais du monde entier à la fois. Il est baigné de peur et, du fait de cette peur, le paysage décrit aura le plus grand rôle, un paysage très ouvert, immense, où les traces peuvent se perdre, où les cachettes sont innombrables. Les descriptions de maison seront toujours étouffantes ; aucune demeure ne trouvera grâce devant l'écrivain concentrationnaire ; elle est pleine de surprises, d'embûches, d'hostilité. Les portes deviennent matière à cauchemar ; la hantise des ouvertures est portée à son comble. Seuls seront respectés et vénérés les forêts, l'horizon, toutes les étendues d'eau, en un mot l'« indéfinissable » d'un paysage. Car le héros lazaréen a la phobie de la ressemblance ; il ne peut supporter l'imprévu dans un paysage, un désaccord quelconque, quelque *devinette*, si on peut dire. Il craint par-dessus tout d'être pris pour un autre, car ressembler c'est imiter et il sait qu'il est capable d'être un mime étonnant avec une faculté très développée de « singer » autrui, de le caricaturer et, de ce fait, de le détruire. Tout cela n'est pas de la perversion, mais c'est le fait de son pouvoir de dédoublement et en même temps de son état permanent de désincarnation.

En somme, le héros lazaréen n'est jamais là où il se trouve. Il doit accomplir un immense travail de réflexion, *penser* sans cesse qu'il est là et non pas ailleurs, car il a vécu dans un monde qui ne se trouvait nulle part et dont les frontières ne sont pas marquées puisque ce sont celles de la mort. Il se méfie toujours de l'endroit où il vient d'arriver. Il se remet lentement à sa place, parfois par un prodigieux effort de mémoire ; c'est pourquoi il semble avoir autour de sa personne une lumière diffuse, une sorte de halo qui le fait paraître plus lointain qu'il n'est. Toute la réalité s'irise autour de son visage. La réalité n'est pas simple pour lui ; il doit la *penser avant de la voir* ; peut-être cela vient-il de cette bizarre intimité que le concentrationnaire « tout genre » a eue avec les objets. En effet, les choses qui font partie de son fragile patrimoine ont une présence, que parfois les vivants eux-mêmes n'ont pas pour lui, une intensité, une rareté exceptionnelles. Un couteau, par exemple, peut avoir une enfance, un caractère, une vieillesse. On le vénère, on lui donne le pain à couper, c'est-à-dire qu'on lui confie la vie, à une bouchée près. Le couteau fait le morceau juste, le porte à la bouche, n'ignore pas le drame d'une lamelle de pain perdue. Le monde des objets jouera ainsi un rôle attentif, minutieux dans le romanesque lazaréen. Il a sa durée, son affectivité, ses passions, ses réticences et, dans la solitude, il en sera l'issue parfois, l'ouverture vers le monde des autres, l'« œil ». Autant le personnage lazaréen est aveuglé, autant ce monde des objets voit pour lui et garde le reflet, le sens perdu du monde du prochain. Un objet placé à côté d'un être pourra être plus révélateur, plus accessible que l'être lui-même. L'homme peut avouer tout ce qu'il ne dit pas dans le verre qu'il tient ou dans la pomme inespérée qu'il serre entre ses doigts « songeurs ». Cet univers de l'immobilité dans lequel il existe ne connaît pas la fuite du temps ; image typique du Samedi saint puisque tout a été vécu dès le vendredi pour le reste de l'éternité. Le personnage lazaréen ne sait l'heure que par ouï-dire ; il n'est l'homme ni du jour ni de la nuit, mais de l'aube, la lumière même du purgatoire.

On ne peut pourtant pas parler de ce « vivant » comme d'un être passif, engourdi dans son abjection, sans aucune consistance, dépossédé, car il est riche pour ceux qui peuvent ou ont le temps de se pencher vers lui, de l'attirer à nouveau vers la vraie lumière et de l'entendre dans le plus secret de lui-même, là où les oreilles humaines ne servent plus à rien. Il y a dans toute écriture même lazaréenne une attente, une pause, mais quel est celui qui sait veiller aujourd'hui, surmonter son sommeil, espérer contre toute attente ? Le bruit des radios couvre le bruit de la porte qui s'ouvre. « Non, je n'ai rien entendu, dit le maître de maison. » Mais chacun est inquiet ; le pas d'un voleur est si doux. Le pas d'un ami serait plus brutal. On baisse la radio ; le silence revient ; c'est le héros lazaréen qui se présente peut-être, alors on fait hurler le poste, l'imitateur numéro un, le nouveau tabernacle hurlant.

C'est un homme aussi qui a un besoin fou d'amour, inimaginable, désespéré même. Il ne peut pas se passer d'amour, quel que soit le nom qu'on lui donne ; attachement à un parti politique, abandon à une foi religieuse, approche d'un amour féminin. Cet homme déraciné, en proie à l'inlassable indigence qui hante le monde, ne peut vivre que par les autres, et lui-même sait si bien parler pour les autres quand ceux-ci ne veulent pas connaître leurs propres tourments. La communauté lazaréenne est une communauté aux abois, hâtive, saugrenue ; on y soupçonne son meilleur ami ; on y découvre son père meurtrier ; elle s'organise autour d'un objet, d'une complicité, d'une opposition. Elle compte sur la mort pour départager ses adversaires. L'homme y devient sauvage, informe, et toute œuvre en porte la marque, la griffe. Elle fait mal si on s'approche ; on ne peut tenir longtemps un livre traitant d'une fiction lazaréenne ; les épines y percent de partout.

Ne croyez pas que je veuille souscrire dans ces pages à une littérature de propagande et d'annonciateur ou vous soumettre une nouvelle littérature de chevet. Je suis pour une littérature de miséricorde, qui sauve l'homme, et si je trace une esquisse de cette littérature un peu clandestine, qui s'insère dans la vraie, qui s'infiltre au hasard des catastrophes et des bouleversements, c'est qu'elle doit prendre rang parmi celles qui portent témoignage de la plus grande tuerie d'âmes de tous les temps, qu'elle doit avoir sa place dans la « douce pitié de Dieu », comme dit Bernanos.

Littérature de refus, de stagnation, de réminiscence, nous ne devons pas la laisser à l'abandon, ne pas nous détourner de ce qu'elle peut représenter d'intolérable dans sa ferveur, de maladresse dans son espérance. *Elle est déjà là.* Et il faut la déceler avec indulgence et tendresse, car elle supporte tout le poids d'une misère humaine qui n'a de sens que dans la correspondance qu'elle peut trouver dans d'autres cœurs ou dans d'autres consciences. Cette correspondance n'est pas loin de cette communion des saints où nous retrouvons la chair de notre chair et qui accepte la terre telle qu'elle est aussi bien dans l'univers concentrationnaire que dans l'univers de la joie.

Table

Avant-propos 7

Nuit et brouillard 17

De la mort à la vie 45

DU MÊME AUTEUR

Les Œuvres de Jean Cayrol sont publiées
aux Éditions du Seuil

Œuvre poétique

Ce n'est pas la mer, *1935*
Les Poèmes du pasteur Grimm, *1936*
Le Hollandais volant, *1936*
Les Phénomènes célestes, *1939*
L'Âge d'or, *1939*
Le Dernier Homme, *1940*
Miroir de la Rédemption, *1944*
Poèmes de la nuit et du brouillard, *1946*
Passe-temps de l'homme et des oiseaux, *1947*
La vie répond, *1948*
Le Charnier natal, *1950*
Les mots sont aussi des demeures, *1952*
Pour tous les temps, *1955*
Poésie-Journal I, *1969*
Poésie-Journal II, *1977*
Poésie-Journal III, *1980*
Poèmes clefs, *1985*
De jour en jour, *1988*
A voix haute, *mai 1990*
De vive voix, *juin 1991*
À pleine voix, *mars 1992*
D'une voix céleste, *février 1994*

À paraître

Alerte aux ombres, *janvier 1997, Seuil*

Romans, récits, nouvelles

Je vivrai l'amour des autres, *roman, prix Renaudot, 1947 ;*
coll. « Points Roman », 1980
La Noire, *roman, 1949 ; coll. « Points Roman », 1983*
Le feu qui prend, *roman, 1950*
Le Vent de la mémoire, *roman, 1957*
L'Espace d'une nuit, *roman, 1954*
Le Déménagement, *roman, 1956 ;*
coll. « Points Roman », mai 1993
La Gaffe, *récit, 1957*
Les Corps étrangers, *roman, 1959 ; coll. « Points Roman », 1987*
Les Pleins et les Déliés, *nouvelles, 1960*
Le Froid du soleil, *roman, 1963*
Midi-Minuit, *roman, 1966*
Je l'entends encore, *roman, 1968*
Histoire d'une prairie, *roman, 1970*
N'oubliez pas que nous nous aimons, *roman, 1971*
Histoire d'un désert, *roman, 1972*
Histoire de la mer, *roman, 1973 ; coll. « Points Roman », 1985*
Kakemono Hôtel, *roman, 1974*
Histoire de la forêt, *roman, 1975*
Histoire d'une maison, *roman, 1976*
Les Enfants pillards, *récit, 1978 ; coll. « Points Roman », 1989*
Histoire du ciel, *récit, 1979 ; coll. « Points Roman », 1991*
Exposés au soleil, *courts récits, 1980*
L'Homme dans le rétroviseur, *roman, 1981*
Un mot d'auteur, *roman, 1983*
Qui suis-je ?, *suivi de*
Une mémoire toute fraîche, *récits, 1986*
Les Châtaignes, *récits, 1986*
Des nuits plus blanches que nature, *nouvelles, 1987*

Essais

Lazare parmi nous, *1950*
Les Mille et Une Nuits du Chrétien, *1952*
Le Droit de regard, *1963,*
en collaboration avec Claude Durand
De l'espace humain, *1968*
Lectures, *1973*
Il était une fois Jean Cayrol, *1982*

Œuvres cinématographiques

Nuit et Brouillard
réalisé avec Alain Resnais, 1956
Muriel
Dialogues et scénario du film réalisés avec Alain Resnais, 1963
Le Coup de grâce
écrit et réalisé avec Claude Durand, 1965

Composé par
PPC - 75017 Paris

Impression réalisée sur CAMERON par
BRODARD ET TAUPIN
La Flèche

pour le compte des Éditions Fayard
en février 1997

Imprimé en France
Dépôt légal : février 1997
N° d'édition : 0555 – N° d'impression : 1925R-5
35-49-9701-02/0
ISBN : 2-213-59701/4